Comparing Countries

Compara países

Games and Entertainment

Juegos y ocio

Sabrina Crewe
translated into Spanish by María P Coira

W
FRANKLIN WATTS
LONDON · SYDNEY

Franklin Watts
First published in Great Britain in 2019 by The Watts Publishing Group

Page layout: Keith Williams
Illustration: Stefan Chabluk
Produced by Discovery Books Limited

The publisher would like to thank the following for permission to reproduce their pictures: Igor Bulgarin/Shutterstock 5; Cdrin/Shutterstock 14; Eric Chretien/Gamma-Rapho/Getty Images 28; Deutsches Museum 27; Johannes Eisele/AFP/Getty Images 12; Tristan Fewings/Getty Images 18; Greatstock/Alamy Stock Photo 9; Victor Jiang/Shutterstock 29; Bundit Jonwise/Shutterstock title page; Denis Kabelev/Shutterstock 7; Richard Paul Kane/Shutterstock 15; Kamira/Shutterstock 21; Katacarix/Shutterstock 10; Patryk Kosmider/Shutterstock 22; Lazyllama/Shutterstock 8; Tony Magdaraog/Shutterstock 25; Manfredxy/Shutterstock front cover (bottom); Mauritius Images GmbH/Alamy Stock Photo 6; Nila Newsom/Shutterstock 23; Ron Nickel/Getty Images 4; Giannis Papanikos/Shutterstock 19; PCN Photography/Alamy Stock Photo 13; Tatiana Popova/Shutterstock 7 (inset); Premier Photo/Shutterstock 26; Galina Savina/Shutterstock 17; Stephan/Wikimedia Commons 16; Stiop/Shutterstock 11; Suchan/Shutterstock 24; Masa Uemura/Alamy Stock Photo 20; Ververidis Vasilis/Shutterstock front cover (top).

ISBN 978 1 4451 6051 1

Printed in Dubai

MIX
Paper from
responsible sources
FSC® C104740
FSC
www.fsc.org

Franklin Watts
An imprint of
Hachette Children's Group
Part of The Watts Publishing Group
Carmelite House
50 Victoria Embankment
London EC4Y 0DZ

An Hachette UK company.
www.hachette.co.uk
www.franklinwatts.co.uk

All words in bold are explained in the glossary on pages 30-31.

Todas las palabras en negrita se explican en el glosario de las páginas 30-31.

Contents

Contenido

If you want to read this book in English, follow the orange panels. If you want to read this book in Spanish, follow the blue panels. Or you can read in both languages.

Si quieres leer este libro en inglés, sigue los paneles en naranja. Si quieres leer este libro en español, sigue los paneles en azul. O puedes leerlo en los dos idiomas.

Fun around the world

La diversión por todo el mundo

All over the world, there are lots of ways to have fun. Let's visit some countries to compare different games and other entertainment.

En todo el mundo hay muchas formas de divertirse. Vamos a visitar algunos países para comparar diferentes juegos y otras formas de ocio.

MOZAMBIQUE

Games can be made out of anything! A *galimoto* is a toy made from bits of wood and wire and pushed along with a stick.

MOZAMBIQUE

¡Los juegos pueden hacerse con cualquier cosa! Un galimoto es un juguete hecho de trozos de madera y alambre y empujado con un palo.

UKRAINE

Performances are a form of entertainment. People love to go to the ballet to see great dancers perform.

UCRANIA

Las actuaciones son una forma de ocio. A la gente le encanta ir al *ballet* para ver actuar a grandes bailarines.

MOZAMBIQUE
MOZAMBIQUE

UKRAINE
UCRANIA

What is entertainment?

Entertainment is something you enjoy. It can be anything you do, look at or listen to, as long as it is fun!

¿Qué es el ocio?

El ocio es algo que disfrutas. Puede ser cualquier cosa que hagas, mires o escuches, ¡mientras sea divertida!

Board games and cards

People of all ages enjoy board games and card games. Some board games involve great **skill** and lots of practice.

MADAGASCAR

Fanorona is a board game that comes from Madagascar. To win, you have to capture the other player's pieces.

Juegos de mesa y cartas

La gente de todas las edades disfruta con los juegos de mesa y los juegos de cartas. Algunos juegos de mesa requieren gran habilidad y mucha práctica.

MADAGASCAR

La Fanorona es un juego de mesa de Madagascar. Para ganar tienes que capturar las fichas del otro jugador.

RUSSIA

Russians are famous for playing chess. It can take years to get good at the game! Children join chess clubs while they are still at school.

RUSIA

Los rusos son famosos por jugar al ajedrez. ¡Puede llevar años llegar a jugar bien! Los niños entran en clubs de ajedrez cuando aún están en el colegio.

MADAGASCAR
MADAGASCAR

RUSSIA
RUSIA

Playing cards

Around the world, card games, such as rummy, are very popular. The games change from country to country.

Jugar a las cartas

Por todo el mundo, los juegos de cartas, como el *rummy*, son muy populares. Los juegos varían de un país a otro.

Children's games

Most children love to play games outdoors. They often chase each other or hide from one another! Around the world, they play different **versions** of the same games.

CUBA

In Cuba, children play a version of the game grandmother's footsteps, or statues. If you are seen moving, you are out!

Juegos de niños

A la mayor parte de los niños les encanta jugar fuera. ¡A menudo se persiguen unos a otros o se esconden unos de otros! Por todo el mundo juegan **versiones** diferentes de los mismos juegos.

CUBA

En Cuba los niños juegan a una versión del juego del escondite inglés o del juego de las estatuas. ¡Si te ven moverte, estás fuera!

SOUTH AFRICA

To play hopscotch, children draw squares on the ground. Then they hop from one square to the other.

SUDÁFRICA

Para jugar a la rayuela, los niños dibujan cuadrados en el suelo. Luego saltan de un cuadrado al otro.

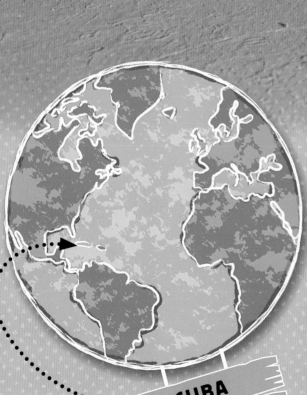

CUBA

CUBA

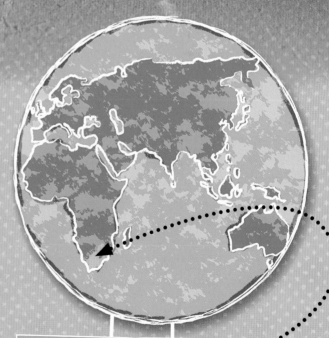

SOUTH AFRICA

SUDÁFRICA

9

Races and competitions

Many games are also competitions. People in all countries enjoy watching competitions, especially races.

AUSTRALIA

Sailing is a popular recreation in Australia. Many sailors like to take part in races. People watch the races from motorboats or along the shore.

Carreras y competiciones

Muchos juegos son también competiciones. En todos los países la gente disfruta viendo competiciones, sobre todo carreras.

AUSTRALIA

Navegar a vela es una popular actividad recreativa en Australia. A muchos navegantes les gusta participar en carreras. La gente ve las carreras desde motoras o la orilla.

UNITED ARAB EMIRATES

People love watching traditional camel races. The camels and riders race around the track as fast as they can!

EMIRATOS ÁRABES UNIDOS

A la gente le encanta ver las carreras de camellos tradicionales. ¡Los camellos y jinetes corren por la pista tan rápido como pueden!

What is recreation?

Recreation is an activity that is not work. It includes things you do for fun and in your spare time, such as sport and other hobbies.

¿Qué es una actividad recreativa?

Una actividad recreativa es una actividad que no es trabajo. Incluye las cosas que haces por diversión en tu tiempo libre, como el deporte y otras aficiones.

UNITED ARAB EMIRATES
EMIRATOS ÁRABES UNIDOS

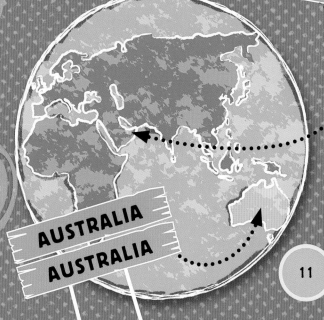

AUSTRALIA
AUSTRALIA

Olympic Games

Los Juegos Olímpicos

The biggest competitions in the world are the Olympic Games. Most nations send teams to compete. There are summer games and winter games.

Las mayores competiciones del mundo son los Juegos Olímpicos. La mayor parte de las naciones envían equipos a competir. Hay juegos de verano y juegos de invierno.

POLAND

Volleyball is one of Poland's most popular sports. Polish people watch and cheer for their national team in the summer Olympics.

POLONIA

El balonvolea es uno de los deportes más populares de Polonia. Los polacos miran y animan a su equipo nacional en los Juegos Olímpicos de verano.

FINLAND

Finland has lots of snow and many snowboarding champions. People love to see them jump during the winter Olympics.

FINLANDIA

Finlandia tiene mucha nieve y muchos campeones del *snowboard*. A la gente le encanta verlos saltar durante las Olimpiadas de invierno.

FINLAND

FINLANDIA

The Olympics

The Olympics take place every four years. The games move to different countries each time.

Los Juegos Olímpicos

Los Juegos Olímpicos tienen lugar cada cuatro años. Los juegos se trasladan a diferentes países cada vez.

POLAND

POLONIA

Football

Football is the most popular game in the world. People everywhere like to play it or watch it and cheer on their team.

MOROCCO

Football is Morocco's favourite sport. You can see children playing football anywhere there is an open space.

What is your favourite sport?

El fútbol

El fútbol es el juego más popular del mundo. A gente de todas partes le gusta jugarlo o verlo y animar a su equipo.

MARRUECOS

El fútbol es el deporte favorito de Marruecos. Puedes ver a niños jugando al fútbol en cualquier lugar donde haya un espacio abierto.

¿Cuál es tu deporte favorito?

USA

EE. UU.

MOROCCO

MARRUECOS

USA

American football has different rules to football in other countries. In American football, players can run with the ball while the other team tries to get it.

EE. UU.

El fútbol americano tiene reglas diferentes a las del fútbol de otros países. En el fútbol americano los jugadores pueden correr con la pelota mientras el otro equipo intenta cogerla.

Martial arts

Las artes marciales

Martial arts started as a way of fighting that could be used for **self-defence**. Now martial arts are usually for fitness and fun.

Las artes marciales comenzaron como una forma de lucha que podía ser usada para la **autodefensa**. Ahora las artes marciales son normalmente para estar en forma y como diversión.

NORTH KOREA

Many traditional martial arts are from Asian countries. Taekwondo began in Korea. Children learn Taekwondo at classes after school.

COREA DEL NORTE

Muchas artes marciales tradicionales vienen de los países asiáticos. El taekwondo comenzó en Corea. Los niños aprenden taekwondo en clases después del colegio.

NORTH KOREA

COREA DEL NORTE

BRAZIL

Capoeira is part of Brazil's **heritage**. It is a mix of martial arts, dance and **acrobatics**. Capoeira shows usually have music and singing, too.

BRAZIL
BRASIL

BRASIL

La capoeira forma parte del **patrimonio** de Brasil. Es una mezcla de artes marciales, baile y **acrobacia**. Los espectáculos de capoeira normalmente tienen música y canción también.

A day out

De excursión

There are many kinds of entertainment in the world. Entertainment includes exciting outings, such as going to the circus or the zoo.

Hay muchos tipos de ocio en el mundo. El ocio incluye excursiones emocionantes, como ir al circo o al zoo.

CANADA

The Cirque du Soleil circus is famous around the world, but it comes from Canada. The shows include amazing acrobatics and light shows.

CANADÁ

El circo Cirque du Soleil es famoso en todo el mundo, pero viene de Canadá. Las actuaciones incluyen acrobacias increíbles y espectáculos de luces.

SPAIN

Zoos are places where people can see wild animals up close. Animals at the Bioparc in Valencia live in landscapes just like their natural habitat.

ESPAÑA

Los zoos son lugares donde la gente puede ver animales salvajes de cerca. Los animales del Bioparc de Valencia viven en entornos iguales a su hábitat natural.

Popular outings

Other popular outings include the seaside, the park, the cinema, museums and historical sites.

Excursiones populares

Otras excursiones populares incluyen la playa, el parque, el cine, museos y sitios históricos.

CANADA
CANADÁ

SPAIN
ESPAÑA

Going to the theatre

Vamos al teatro

Theatre began with rituals in old times. Today, theatre usually means a play with actors. Many countries have traditional kinds of theatre.

El teatro comenzó con rituales en tiempos antiguos. Hoy, teatro normalmente es una obra con actores. Muchos países tienen teatro de tipo tradicional.

JAPAN

Kabuki plays often show events in history. The actors paint their faces and wear traditional costumes.

JAPÓN

Las obras de teatro Kabuki a menudo muestran acontecimientos de la historia. Los actores se pintan la cara y llevan trajes tradicionales.

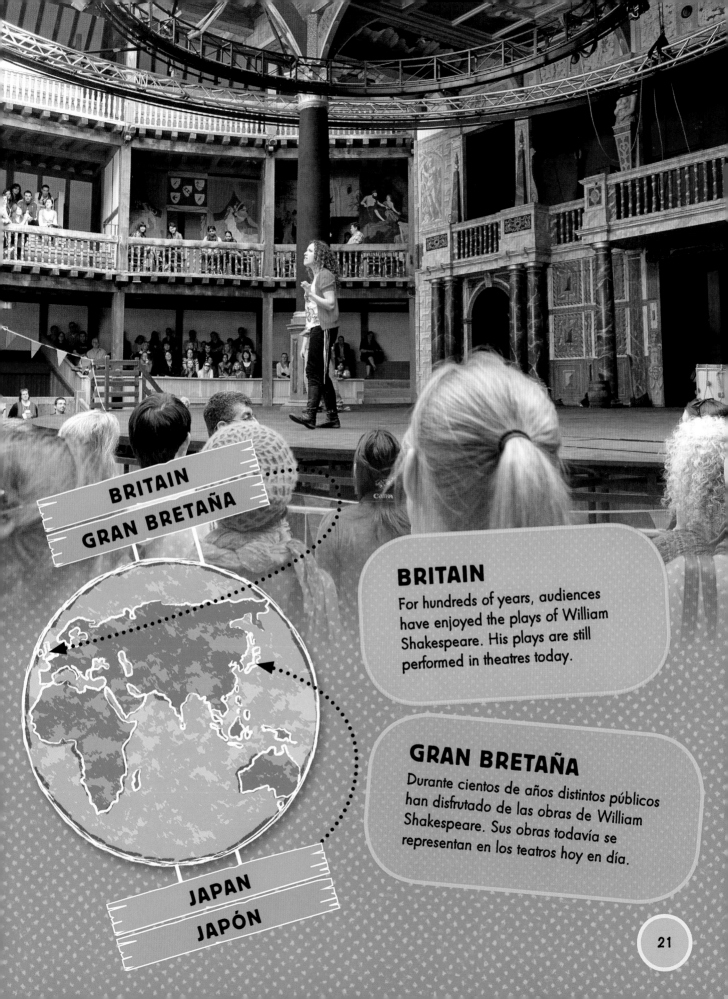

BRITAIN
GRAN BRETAÑA

JAPAN
JAPÓN

BRITAIN

For hundreds of years, audiences have enjoyed the plays of William Shakespeare. His plays are still performed in theatres today.

GRAN BRETAÑA

Durante cientos de años distintos públicos han disfrutado de las obras de William Shakespeare. Sus obras todavía se representan en los teatros hoy en día.

21

Music

La música

Most people like listening to music! Some music is played for special occasions, such as **parades**. Other music is part of everyday life.

¡A la mayor parte de la gente le gusta escuchar música! Cierta música se toca en ocasiones especiales, como los **desfiles**. Otra música forma parte de la vida diaria.

IRELAND

Towns in Ireland celebrate St. Patrick's Day with music, dancing and parades. People love to listen to brass bands as they march by in the parade.

IRLANDA

Los pueblos de Irlanda celebran el Día de San Patricio con música, baile y desfiles. A la gente le encanta escuchar las bandas de música cuando marchan en el desfile.

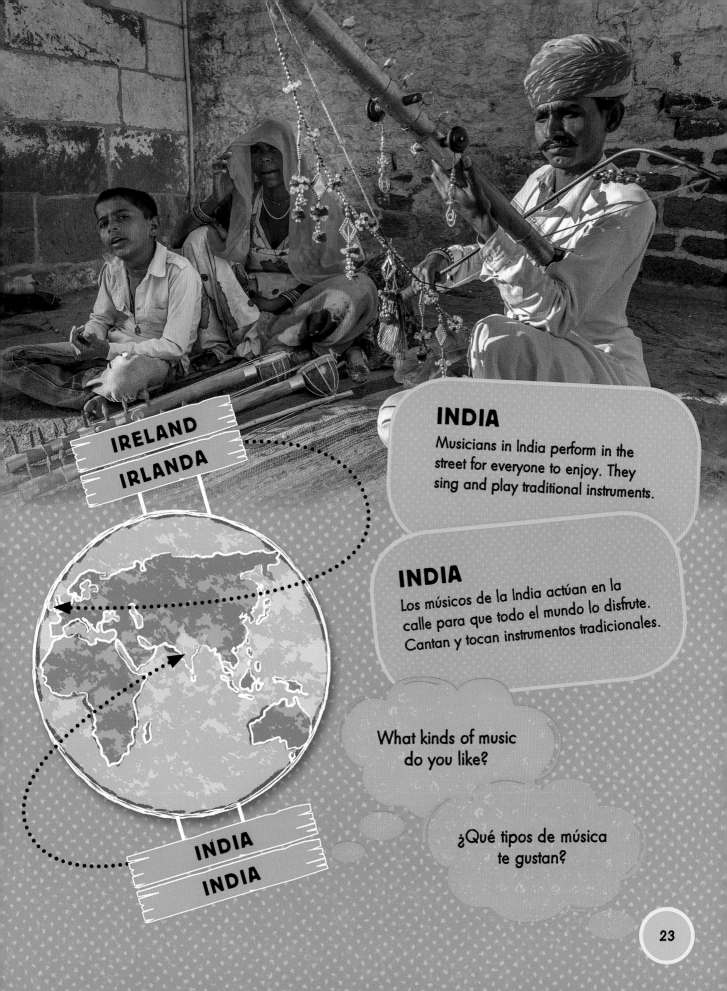

IRELAND

IRLANDA

INDIA

INDIA

INDIA
Musicians in India perform in the street for everyone to enjoy. They sing and play traditional instruments.

INDIA
Los músicos de la India actúan en la calle para que todo el mundo lo disfrute. Cantan y tocan instrumentos tradicionales.

What kinds of music do you like?

¿Qué tipos de música te gustan?

Dance

El baile

Where there is music, there is often dancing. People everywhere like to dance, and dancing is fun to watch, too!

Donde hay música, a menudo hay baile. En todas partes a la gente le gusta bailar, ¡y ver bailar es divertido también!

NEW ZEALAND

The Maori people do a traditional dance using a ball called a *poi*. They sing, dance and swing the *poi* in patterns.

NUEVA ZELANDA

Los maoríes hacen un baile tradicional usando una pelota llamada *poi*. Cantan, bailan y mueven el *poi* haciendo figuras.

PHILIPPINES

In the dance Tinikling, people move bamboo poles back and forth in a rhythm. Dancers have to jump in and out between the moving poles.

FILIPINAS

En el baile Tinikling la gente mueve varas de bambú de un lado a otro siguiendo un ritmo. Los bailarines tienen que saltar dentro y fuera entre las varas que se mueven.

PHILIPPINES

FILIPINAS

NEW ZEALAND

NUEVA ZELANDA

Exhibitions

Las exposiciones

An **exhibition** can be a show of art, such as paintings or sculpture. Museums also have exhibitions where you can learn about science, history or the natural world.

Una **exposición** puede ser una muestra de arte, como cuadros o escultura. Los museos también tienen exposiciones donde puedes aprender sobre la ciencia, la historia o el mundo natural.

FRANCE

The Louvre is a huge museum in Paris. People travel there from all over the world to see famous works of art.

FRANCIA

El Louvre es un enorme museo de París. La gente viaja allí desde todo el mundo para ver famosas obras de arte.

26

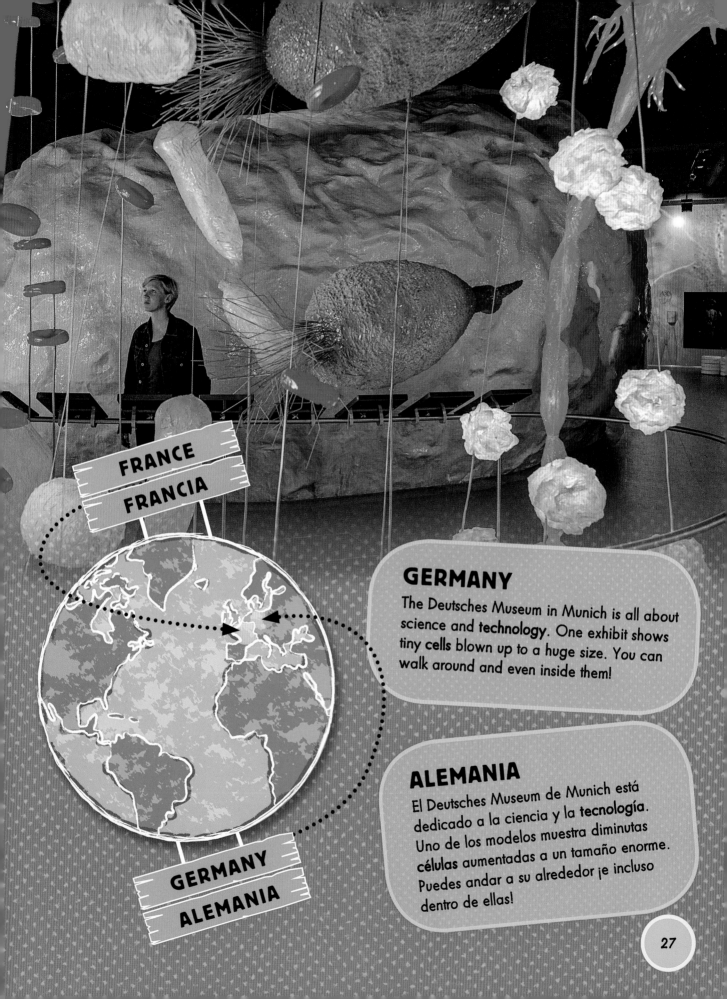

FRANCE
FRANCIA

GERMANY
ALEMANIA

GERMANY

The Deutsches Museum in Munich is all about science and **technology**. One exhibit shows tiny **cells** blown up to a huge size. You can walk around and even inside them!

ALEMANIA

El Deutsches Museum de Munich está dedicado a la ciencia y la **tecnología**. Uno de los modelos muestra diminutas **células** aumentadas a un tamaño enorme. Puedes andar a su alrededor ¡e incluso dentro de ellas!

27

Stories and reading

Historias y lectura

Countries around the world have their own myths, legends and other stories. The stories entertain people and keep traditional **culture** alive.

Por todo el mundo los países tienen sus propios mitos, leyendas y otras historias. Las historias entretienen a la gente y mantienen viva la cultura tradicional.

PAKISTAN

Older people are often the storytellers in a **community**. They pass on stories to children and grandchildren.

PAQUISTÁN

Las personas mayores son a menudo los narradores de la **comunidad**. Pasan las historias a hijos y nietos.

CHINA
CHINA

PAKISTAN
PAQUISTÁN

What are myths and legends?

Legends and myths are stories passed down through time. Legends may include real heroes and events. Myths often tell tales of magical or **imaginary** beings.

¿Qué son mitos y leyendas?

Las leyendas y los mitos son historias transmitidas a través del tiempo. Las leyendas pueden incluir héroes y sucesos reales. Los mitos a menudo cuentan relatos de seres mágicos o imaginarios.

CHINA

Families often spend hours in bookshops reading books. If you have a book, you can always entertain yourself!

CHINA

Las familias a menudo pasan horas en las librerías leyendo libros. ¡Si tienes un libro, siempre puedes entretenerte!

29

Glossary

acrobatics performance of difficult and amazing acts, such as balancing and jumping

cell one of the parts that all living things are made of. Cells have many shapes and are usually too small to see without a microscope

community a group of people that live near each other, such as people in a tribe, village or neighbourhood

competition a game or sporting event where one team or person wins over others

culture a combination of beliefs and customs that belong to a particular group

exhibition a display in a public place, such as a museum

habitat the place where a living thing belongs and lives

heritage anything that is passed down to you from your family or culture

imaginary not real

nation a country and the people who live in that country

national having to do with a nation. A national team is the team that represents a particular nation

parade moving line or crowd of people, often joined by marching bands. Parades happen at carnivals, festivals and important occasions

popular liked by lots of people

recreation activities that are not work and that are done for fun

rhythm a regular pattern of sound or movement, such as the beat of music

ritual a ceremony that uses traditional actions, objects and words

self-defence protecting yourself

skill an ability to do something very well, especially something learned with practice or training

technology scientific knowledge, processes or tools that people can use to do things — for example, the use of computers for work or learning

traditional always done in the same way and passed on to younger people in a family or community

version something, such as a game, that is done a bit differently to other ways of doing it. Stories often have different versions, too

Glosario

acrobacia realización de actos difíciles y sorprendentes, como equilibrio o saltos

célula una de las partes de las que están hechos todos los seres vivos. Las células tienen muchas formas y normalmente son demasiado pequeñas para verlas sin un microscopio

comunidad grupo de personas que viven cerca unos de otros, como las pesonas de una tribu, un pueblo o un barrio

competición juego o evento deportivo en que un equipo o una persona gana a los otros

cultura combinación de creencias y costumbres que pertenecen a un grupo particular

exposición presentación en un lugar público, como un museo

hábitat el lugar al que pertenece y donde vive un ser viviente

patrimonio cualquier cosa que te transmite tu familia o cultura

imaginario no real

nación un país y la gente que vive en ese país

nacional que tiene que ver con una nación. Un equipo nacional es el equipo que representa a una nación particular

desfile fila de personas o multitud en movimiento, a menudo acompañada por bandas de música. Los desfiles tienen lugar en carnavales, festivales y ocasiones importantes

popular que gusta a mucha gente

actividad recreativa actividad que no es trabajo y que se hace por diversión

ritmo patrón regular de sonido o movimiento, como el compás de la música

ritual ceremonia que emplea acciones, objectos y palabras tradicionales

autodefensa protegerte a tí mismo

habilidad la capacidad de hacer algo muy bien, sobre todo algo aprendido con la práctica o el entrenamiento

tecnología conocimiento, procesos o instrumentos científicos que se pueden usar para hacer cosas – por ejemplo, usar ordenadores para trabajar o aprender

tradicional hecho siempre de la misma forma y pasado a los miembros más jóvenes de una familia o comunidad

versión algo, por ejemplo un juego, que se hace un poco diferente de otras formas de hacerlo. Las historias a menudo tienen diferentes versiones también

Index

Índice

El índice español no sigue el mismo orden que el inglés.